# BEI GRIN MACHT SICH IHR WISSEN BEZAHLT

# Psychodramatische Supervision und Coaching im Organisationsfeld Schule

Bettina Haus

**Bibliografische Information der Deutschen Nationalbibliothek:**

Die Deutsche Nationalbibliothek verzeichnet diese Publikation in der Deutschen Nationalbibliografie; detaillierte bibliografische Daten sind im Internet über http://dnb.d-nb.de abrufbar.

ISBN: 9783346465634
Dieses Buch ist auch als E-Book erhältlich.

Druck und Bindung: Books on Demand GmbH, Norderstedt Germany
Gedruckt auf säurefreiem Papier aus verantwortungsvollen Quellen

Das vorliegende Werk wurde sorgfältig erarbeitet. Dennoch übernehmen Autoren und Verlag für die Richtigkeit von Angaben, Hinweisen, Links und Ratschlägen sowie eventuelle Druckfehler keine Haftung.

Das Buch bei GRIN: https://www.grin.com/document/1025883

# „You'll never walk alone"[1] - Psychodramatische(s) Supervision und Coaching im Organisationsfeld Schule

Abschlussarbeit zur Weiterbildung "Supervision und Coaching"
am Moreno Institut Stuttgart 2018 – 2021

**Bettina Haus**

---

[1] Lied von Gerry and the Pacemakers (https://www.youtube.com/watch?v=OV5_LQArLa0)

# Inhaltsverzeichnis

# 1 Einleitung

„**You'll never walk alone**", diesen Satz stelle ich all meinen Ausführungen voran, denn er gibt meiner persönlichen Haltung, meiner Überzeugung, meinen Bemühungen und meiner Hoffnung im Hinblick auf die Rolle und Bedeutung von Supervision und Coaching für das Organisationsfeld Schule, Ausdruck. Das Thema „Psychodramatische(s) Supervision und Coaching im Organisationsfeld Schule" als formalen Abschlussteil meiner Weiterbildung „Supervision und Coaching"[2] am Moreno Institut in Stuttgart beschäftigt mich, seitdem ich in die Weiterbildung gestartet bin. Die reflexive Auseinandersetzung mit dem Thema bietet mir und allen interessierten Leser*innen die Möglichkeit, einen Einblick in psychodramatische Formen von Supervision und Coaching im Bereich Schule zu nehmen - unabhängig davon, ob dieses Interesse der beruflichen Rolle der Supervisorin / Coach, der Lehrer*in[3] oder jener der Psychodramatiker*in[4] entspringt. Aufgrund meiner beruflichen Rollenbiografie und meiner Feldkompetenz im Bereich Schule berate ich vorwiegend in diesem Feld und gebe den Leser*innen meiner Ausführungen damit einen Einblick in meine beraterische Arbeit (Kap. 3). Zu betonen, dass das Fundament meiner supervisorischen Tätigkeit die Qualifikation im Verfahren Psychodrama darstellt, aus dem ich grundlegende Theorie(n), Werkzeuge und vor allem meine beraterische Haltung beziehe (vgl. Kap. 2.2), erübrigt sich. Als Lehrerin und Supervisorin ist diese Arbeit ein Plädoyer für den institutionalisierten Einsatz von Supervision und Coaching im Kontext der Organisation Schule, denn bisher findet diese zum großen Teil auf private Initiativen von Lehrer*innen / Ausbilder*innen (vgl. Kap. 3.2) statt. Vom Kultusministerium finanzierte Beratungen, welche sich primär an Schulleitungen richten, werden nur zögerlich in Anspruch genommen[5], schulpsychologische Dienste sind mit zahlreichen anderen Aufgaben betraut und bieten Beratungen für Lehrer*innen nur in Einzelfällen an. Bestehende Angebote der Kultusministerien betrachte ich jedoch als zukunftsweisendes Signal von politischer Seite, um regelmäßige und selbstverständliche Inanspruchnahme von Beratung in der Organisation Schule anzubahnen und diese irgendwann zu institutionalisieren. Die während der Corona-Pandemie-beschleunigten digitalen Veränderungsprozesse von Schule verlangen von allen im Organisationsfeld Tätigen eine verstärkte Auseinandersetzung mit der veränderten Unterrichts- und Organisationswirklichkeit. Vor allem die damit verbundenen Veränderungen der beruflichen Rolle gilt es zu reflektieren und weiter zu entwickeln, um Qualität von Unterricht und die Gesundheit der im Organisationsfeld Tätigen zu bewahren. Die Corona-

---

[2] Wenn ich in meinen Ausführungen von Supervisor*in spreche, ist gleichzeitig die Rolle des Coaches gemeint.
[3] Lehrerin im Sek I - Bereich an einer mittelhessischen Gesamtschule
[4] Weiterbildung zur Psychodramaleitung am Moreno-Institut, Stuttgart
[5] Bsp. Hessen: https://schulaemter.hessen.de/schulqualitaet/fortbildung-beratung-evaluation

bedingten Veränderungen wirken sich auch auf die Form von Beratung aus, d.h. digitale Formen von Supervision und Coaching im Einzel- oder im Gruppensetting sind während der Pandemie häufig der einzige Weg für Beratungstätigkeit. Lediglich im Einzelsetting ist – unter strikter Einhaltung der Hygienevorschriften - analoge Supervision möglich, so dass die in Kap.3 beschriebenen Fall-Beispiele im Einzelsetting jüngeren Datums, jene auf Gruppenebene vor Corona stattgefunden haben.

Im ersten Teil der Arbeit reflektiere ich die Notwendigkeit, Umstände und Bedingungen des Einsatzes von Supervision und Coaching im Organisationsfeld Schule. Hieran schließen sich theoretische Grundlagen psychodramatischer Beratungstätigkeit im Format Supervision und Coaching an. In diesem Zusammenhang beschreibe ich die soziale und ethische Haltung des Psychodramas, sowie weitere, das Psychodrama kennzeichnende Aspekte, wie z.B. dessen Handlungsorientierung, die Bedeutung von Beziehung und Emotionen, sowie den „kreativen Zirkel", jene von Morenos Strukturtheorien, die sein Verständnis innerer Veränderungsprozesse beschreibt (vgl. Kap. 2.2.2).

Im dritten Kapitel meiner Ausführungen rekurriere ich auf das in Kap. 2 beschriebene theoretische Fundament und reflektiere Fallbeispiele meiner supervisorischen Tätigkeit *mit Lehrer\*innen in Vorbereitung (LiV), Ausbilder\*innen und einzelnen Lehrenden. Hier wird deutlich,* inwiefern *Supervision* hilfreich sein kann, um Lehrer\*innen bei der Entwicklung ihrer Professionalität sowie zur Erhaltung ihrer Gesundheit und Arbeitsfähigkeit zu unterstützen.

## 2 Supervision[6] und Coaching[7] im Organisationsfeld Schule

Der Beratungsbedarf des gesamten Systems Schule steigt stetig an. Nicht erst seit Corona stehen Menschen, die in der Schule tätig sind, vor neuen Herausforderungen, die im gesellschaftlichen Wandel begründet sind. Insbesondere vor dem Hintergrund veränderter Anforderungen und Rollenerwartungen, sowie neuer Aufgaben der Schule sind Lehrer*innen[8] mit den Auswirkungen eines beschleunigten gesellschaftlichen Wandels, veränderter Sozialisation und zunehmender sozialer und kultureller Heterogenität konfrontiert. Im Zuge dessen übernehmen sie wichtige gesellschaftliche Aufgaben und sind verstärkt in Mehrfachrollen gefragt. Sie sind gefordert, ihre berufliche Rolle im Spannungsfeld unterschiedlicher Erwartungen und Aufgaben zu klären, z.B. zwischen Unterrichten und Erziehen, zwischen fachlichen und pädagogischen Erfordernissen, zwischen Fördern und Fordern. Auf diese vielfältigen Anforderungen werden LuL in ihrer Ausbildung nur teilweise vorbereitet[9] und stehen auch im weiteren beruflichen Leben diesen Herausforderungen mehrheitlich als Einzelkämpfer gegenüber[10].

Die Bedeutung berufsbegleitender Angebote professioneller Supervision oder Coaching, ergänzt durch Verfahren kollegialer Beratung und Fallbesprechung, sorgen neben der individuellen Weiterqualifizierung und Entlastung in schwierigen beruflichen Situationen zugleich für eine entscheidende Voraussetzung für Schulentwicklung im Sinne ständiger Qualitätsverbesserung der pädagogischen Arbeit. Weiterführende Aspekte und Untersuchungen zu Supervision und Coaching in der Schule finden sich sowohl bei Kotkamp[11] als auch bei Ketter/Benczak[12] und Petrovic[13].

### 2.1 Bedingungen für Supervision und Coaching im Organsationsfeld Schule

Supervision und Coaching, Intervisionsgruppen oder kollegiale Beratungssysteme sind im Organisationsfeld Schule für im Feld Tätige bisher m.E.[14] nicht institutionalisiert. Dies bedeutet, dass Supervisionsgruppen mehrheitlich auf Initiative von diesen gegründet und finanziert werden. Zunehmend stellen und finanzieren die Kultusministerien der Länder Angebote von Supervision und Coaching - für Schulleitungen und zur Schulentwicklung - zur

---

[6] Supervision ist ein reflexives und prozessorientiertes Beratungsformat und dient der Sicherung und Verbesserung der Qualität beruflicher Arbeit. In der Supervision werden Fragen, Problemfelder, Konflikte und Fallbeispiele aus dem beruflichen Alltag thematisiert. Dabei wird die *berufliche Rolle* und das konkrete Handeln der Supervisand*innen in Beziehung gesetzt zu den *Aufgabenstellungen* und *Strukturen der Organisation* und zu der Gestaltung der Arbeitsbeziehungen mit Kund*innen oder Klient*innen. Es wird reflektiert, wie eine *Person* die an sie gestellten Anforderungen und Erwartungen mit ihren Ressourcen und Kompetenzen ausfüllen kann (vgl. DGSv).
[7] Coaching ist die professionelle Beratung, Begleitung und Unterstützung von Personen mit Führungs- / Steuerungsfunktionen und von Experten in Unternehmen /Organisationen. Als ergebnis- und lösungsorientierte Beratungsform dient Coaching der Steigerung und dem Erhalt der Leistungsfähigkeit (vgl. DGSv).
[8] Die gendergerechte Sprachform soll bedacht und im Folgenden mit LuL abgekürzt werden.
[9] https://www.lehrcare.de/blog/tag/lehrer-studie/
[10] Vgl. Forsa-Umfrage der Bosch-Stiftung 2018, https://www.bosch-stiftung.de/de/news/viele-lehrkraefte-sind-einzelkaempfer
[11] Dr. U. Kotkamp: Gelingensbedingungen von Supervision und Schule. Roßwein 2012.
[12] F.D. Ketter/ S. Benczak: Supervision und Schule – ein glückliches Paar? In: ZS Pädagogische Horizonte, 1 (1), 2017
[13] Sandra Petrovic: Supervision an Schulen. Wien 2010.
[14] In einzelnen Bundesländern (z.B. Hessen) erhalten Schulleitungen sogenannte „Supervisionspunkte", die ihnen die Möglichkeit zur Nutzung von Supervision und Coaching ermöglichen.

Verfügung (vgl. z.B. Homepage des HKM). Dies ist als Hinweis dafür zu verstehen, dass besagte Formate als probate Instrumente weitestgehend anerkannt sind und es ist zu hoffen, dass diese zukünftig auch für alle anderen an Schule Tätigen nutzbar werden.

## 2.2  Aspekte psychodramatischer Supervision

In den Formaten Supervision und Coaching ist eine gewisse Methodenvielfalt schon aus pragmatischen Gründen sinnvoll, um dem Supervisand durch eine Kombination verschiedener Werkzeuge und Methoden zu mehr Klarheit zu verhelfen und ihn zu alternativen Handlungsweisen und Lösungsschritten anzuregen. In meiner beraterischen Tätigkeit stellt das Verfahren Psychodrama[15] mein Verfahren der Wahl dar, was den ergänzenden Einsatz anderer Methoden jedoch nicht ausschließt. Das dem Psychodrama zugrundeliegende Menschenbild (welches den Menschen selbstverantwortlich und schöpferisch sieht), seine Rollentheorie, sowie sein Erklärungsmodell der Entstehung von Problemen und Konflikten sind ideal für den Einsatz in der Supervision.[16] Mit seinen Konzepten der sozialen Inszenierung und des Sozialen Netzwerks[17] verfügt das Psychodrama zudem über eine eigenständige systemische Betrachtungsweise der tatsächlichen Handlungsabläufe, die durch eine eigenständige Methodologie der systemischen Veränderung -der Soziometrischen Aktionsforschung- ergänzt wird (vgl. Buer 1996a). Die hervorragende Passung des Formates Supervision und des Verfahrens Psychodrama liegt in deren übergeordnetem Ziel, die „soziale Praxis" zu verbessern (vgl. Buer 1996b). Dabei sieht die psychodramatische Supervision Supervisand*innen[18] in der Akteurperspektive, welche innerhalb fester Strukturen Spielräume ausloten (vgl. Buer 2004, S. 19). Neben dem dialogischen Gespräch setzt die psychodramatische Supervision vor allem auf den *Kommunikationsmodus des Experiments* (vgl. Buer 1999, S. 105). Viele andere psychodramatische Elemente sind gut in der Supervision integrierbar, da sie als Gruppenverfahren entwickelt wurden und damit die subjektive Erfahrungswelt und die sozialen interaktiven Phänomene eines SVd in seinem beruflichen Sein transparent machen können (vgl. Schreyögg 2014, S. 119). Im Modus Experiment kann z.B. in der psychodramatischen Realitätsprobe die Durchführbarkeit einer Aktion getestet werden, bzw. es können neue, innovative Erkenntnisse gewonnen und neue Praktiken erfunden werden (vgl. Kap.3.1.1.1). Psychodramatische Supervision arbeitet nicht nur mit verschiedenen

---

[15] Das Psychodrama wurde von J.L.Moreno entwickelt. Er ging davon aus, „dass menschliches Erkennen, Denken und Handel sich an individuellen Erfahrungen ausrichtet, die in einem subjektiv empfundenen und gedeuteten Beziehungsgeflecht eingebettet sind. (…) Seine Hauptmethode bestand darin, diese inneren Beziehungssysteme und Deutungen zu externalisieren, sie auf eine Bühne zu holen, und dort anschaulich zu machen" (vgl. Migge 2005, S. 371)
[16] Eine ausführlich fundierte Argumentation mit vielen Praxisbeispielen hierzu findet sich im Buch von F. Buer: Praxis der psychodramatischen Supervision. VS Verlag für Sozialwissenschaften. Wiesbaden, 2. Aufl. 2004
[17] H.D.Kähler: Das Konzept des sozialen Netzwerks. ZS Soziologie, Jg. 4, Heft 3, Juli 1975, S. 283 - 290
[18] Im folgenden abgekürzt durch SVd

Kommunikationsmodi, sondern auch auf verschiedenen Interpretationsebenen[19]. Beim Wechsel der Ebenen wird nach Entsprechungen und Differenzen gesucht (vgl. Buer 2004, S. 59). Das Psychodrama gehört zu den Erlebnis- und Aktions-aktivierenden Verfahren, welches auftretende Widerstände nicht thematisiert, sondern respektiert. Die SV-C bietet dem SVd Arrangements an, in denen er/sie spielerisch ungewohnte Erfahrungen machen kann, etwa in dem er/sie mit künstlerischen Medien arbeitet (Schreyögg 1995, S. 276ff.) oder eine Szene spielt oder eine Körperhaltung einnimmt oder im Rollentausch spricht (vgl. Buer 1996a). Das Spielen auf einer äußeren Bühne fördert die Entwicklung und Fähigkeit zum Mentalisieren und damit später auch die Fähigkeit, in einer Konfliktsituation spontan zu sein und angemessen zu reagieren.[20] Dieser Modus ist immer dann angesagt, wenn der SVd selbst durch Denk- und Handlungseinschränkungen oder - Blockaden eigene Lernprozesse be – bzw. verhindert. Die SV-C arrangiert die Versuchsanordnung und führt Regie. Sie verfügt zwar über Hypothesen über den Fortgang des Lernprozesses, kennt aber selbst den Ausgang nicht. Sie beobachtet den SVd im Prozess und steuert diesen spontan. Protagonistenzentrierte Arrangements und Techniken des Psychodramas bieten den Klient*innen hervorragende Möglichkeiten, bewusste und unbewusste Wünsche, Ansprüche, Gefühle, Erfahrungen, Bedenken, aber auch Sichtweisen, Vorurteile, Denkmuster und Visionen zu erkunden (ebd., S. 20).

Solche Interventionen können jedoch Phänomene evozieren, die weit über den Gegenstand der Supervision hinausreichen (vgl. Schreyögg 2010, S. 267), daher sollte deren Einsatz sorgsam die Intentionen des Formates Supervision beachten und von ausgebildeten PD* angeleitet werden. Im Setting der Supervision steht die funktionale Arbeitsrolle und nicht das gesamte Rollenrepertoire der SVd, damit die Biografie geschützt und nicht der gesamte Mensch psychologisiert wird.[21] Die berufliche Rolle wird mit den mit ihr verbundenen Thematiken in Bezug auf Organisation, Team oder Klient*innen betrachtet, es findet ein Stück Selbsterfahrung statt, jedoch keine Biografiearbeit (vgl. Kap. 3.1.1). Dabei liegt es in der Kompetenz der Leitung, immer auf den Auftrag hinzuführen, sowie dessen Oberflächen-, als auch Tiefenstruktur zu erarbeiten (vgl. ebd.). Einen guten Überblick bietet interessierten Leser*innen zudem der Text von Verbeek und Reineck, der eine fundierte Zusammenfassung des Verfahrens mit all seinen Facetten gibt.[22]

---

[19] Vgl. Buer 2004, S. 20) Arbeitsebenen: **Die Psychik** (Innere Welten der Akteur*innen):Sichtweisen, Gefühle, Gedanken, Erfahrungen, Ansprüche, Wünsche, Visionen, etc. der involvierten Individuen. **Die Dialogik** (Zwischenmenschliche Welten): bedeutsame Beziehungen zu Klient*innen und Angehörigen, Kolleg*innen, Vorgesetzten, etc. **Die Systemik** (Arbeitswelten der Organisationen und die Lebenswelten der Mitarbeiter*innen und der Adressat*innen). **Der Kontext** (Die äußere Welten der Öffentlichkeit, Politik, Verwaltung, Wissenschaft, Kultur ...)
[20] R.T. Krüger/C. Stadler: Mentalisieren durch psychodramatisches Spielen – Zur therapeutischen Wirkung des Psychodramas. In: ZPS 2015; 14: 301-310 2015, S. 304
[21] E. Grissenberger: Organigramm-Soziogramm-Mensch. Psychodramatische Aufstellungsarbeit in der Supervision, in: ZS Psychodrama und Soziometrie (2019) (Suppl1)18:153-168, S. 155).
[22] S. Verbeek/U. Reineck: Was ist Psychodrama? – Eine erste Grundlegung. In: Texte zur Basisqualifikation in szenischer Beratung und Psychodrama. Freiburg 2012.

## 2.2.1 Die pragmatisch-psychodramatische Haltung der Supervisor*in / Coach

Psychodramatische Beratungsarbeit ist prozessorientiert und geprägt von handlungsorientierten kreativen und spontanen Interventionen. Im besten Sinne wirksam werden diese Werkzeuge aber erst mit einer angemessenen Haltung[23]. Folgende Haltungsprinzipien sind Perlen auf einer Richtschnur psychodramatischer Beratungsarbeit (vgl. BUC 2016) und werden im zweiten Teil dieser Arbeit beispielhaft in konkreten Anwendungsfeldern aufgegriffen und näher erläutert:

- *Menschen, nicht Systeme:* Psychodramatiker*innen[24] arbeiten nicht mit Organisationen, sondern immer mit ganz konkreten Menschen (vgl. Buer 2010) (vgl. Kap. 3).
- *Arbeiten mit und an Beziehungen:* PD* machen Beziehungen transparent und damit gestaltbar (vgl. Kap.3.2.1).
- *Rollen(tausch):* PD* stellen sich in die Schuhe des anderen und helfen Klient*innen, diesen Schritt ebenfalls zu wagen (vgl. Kap.3.1.1).
- *Handeln und Erleben und dann Reden:* PD* setzen darauf, dass sich handlungsorientierte Methoden wie Inszenierungen und Aufstellungen und Reflektion ergänzen: Ohne das eine kann das andere nicht wirken, in Kombination werden vielschichtige Erkenntnisse möglich (vgl. alle Beispiele im Kap. 3).
- *Keine Emotionen-Pause machen!* PD* benennen Emotionen bewusst und holen sie aus ihrem Schatten-Dasein innerhalb der Organisation. Sie wissen um die Kraft der Emotion – ob destruktiv oder schöpferisch (vgl. Kap. 2.2.4 und 3.1.1.1).
- *Wirklichkeiten verändern:* PD* helfen Klient*innen dabei, ihre ganz persönlichen Wirklichkeiten zu erkennen und umzugestalten (vgl. Kap. 3.2.2).
- *Thema und Gegenthema:* PD* wissen darum, dass es zu jedem Thema ein Gegenthema gibt: In der Verwirrung schlummert Klarheit, in der Depression Zuversicht, und im Stillstand Bewegung. PD* machen sich mit ihren Klient*innen auf die Suche und heben Ressourcenschätze (vgl. Kap. 3.2.1 und 3.3.1.3).
- *Horizontalität und Vertikalität:* PD* wissen darum, dass sich Themen der Gruppe in den Themen von einzelnen Personen spiegeln – und umgekehrt (vgl. Kap. 3.3.1.1).
- *Dramaturgie im Hinterkopf:* PD* erkennen Spannungskurven und gestalten sie: Wofür ist die Gruppe erwärmt? Was braucht eine Klient*in noch, um ein heißes „Thema" auf die Bühne zu bringen? Wie kann eine Abteilung sich nach turbulenten Zeiten und Aufregung wieder beruhigen?
- *Gespür für die Dosis:* PD* setzen Interventionen mit Bedacht ein: Ein Zuviel treibt das Gegenüber unnötig in den Widerstand, ein Zuwenig lässt jede Wirkung verpuffen.

---

[23] Vgl. C. Buckel: „Die Beratung in großen Organisationen aus psychodramatischer Sicht." S. 292, in: ZS Psychodrama und Soziometrie 02/2016, im Folgenden zitiert als BUC 2016)
[24] Die Verwendung gendergerechter Sprache ist mir wichtig, die Abkürzung PD* steht in Ausführungen für Psychodramatiker*innen.

## 2.2.2 Der Kreative Zirkel als Veränderungsmodell psychodramatischer Beratungsarbeit

**„Spontane Erwärmung, kreative Gestaltung und Konservierung verbinden sich zu einem zusammenhängenden Prozess, den Moreno als kreativen Zirkel beschreibt." (Hutter 2000, S. 130)**

In seiner dritten Strukturtheorie beschreibt Moreno den kreativen Zirkel[25], ein Prozessmodell, welches die Veränderung als inneren Prozess beschreibt.[26] Ausgehend von einem Ist-Zustand bewährter Verhaltens- und Handlungsmuster, dem Rollenrepertoire, das eine Vielzahl von Rollen (oder Ego-States, Inneren Anteilen, neuronalen Aktivierungsmustern, inneren Kindern) enthält, trifft ein Mensch auf bestimmte Situationen. Er muss überprüfen, ob die vorhandenen aktivierbaren Rollen zur aktuellen Situation passen. Dies beinhaltet auch eine motivationale Klärung. Passt die Rolle beispielsweise nicht zur Anforderung, gibt es einen Konflikt. Der Mensch muss versuchen, in einem weiteren Schritt innerlich eine neue Rolle, ein neues neuronales Netzwerkmuster in einem kreativen Prozess zu generieren, welches zur situativen Anforderung passt, vgl. auch Kap.3.1.1.1 und 3.1.1.2.[27] Anhand des von Schacht an das Beratungsformat Supervision adaptierten kreativen Zirkels (Schacht 2010, S. 65) zeigt Grissenberger[28], welche Handlungsabläufe aufgrund von Rollenerwartungen oder erwartbaren zwischenmenschlichen Zielen der Beteiligten (beeinflusst von Erfahrungen und Erlebnissen) in

Aus rechtlichen Gründen wurde die Abb entfernt. (Anm. d. Red.)

Menschen vor sich gehen können. Die Kreativitätsspirale zeigt die immer wiederkehrende Reihenfolge des Kreativitätszyklus zur prozessorientierten Weiterentwicklung im Rahmen von Supervision und Coaching. Dabei durchlebt der SVd den Veränderungsprozess in aufeinander folgenden Phasen (Abb. 2), die sich je nach Lage wiederholen. Ist die Integration (z.B. eines neuen Handlungsmusters) erfolgt, startet für die Klient*in mit einer neuen Herausforderung der Spontaneitäts-Kreativitätszirkel erneut. Praktische Beispiele hierfür finden sich in den Kapiteln 3.1.1.1 f. (Rollentraining) und 3.3.1.3 (Psychodramatische Aufstellungsarbeit).

---

[25] Die zweite Strukturtheorie Morenos beschäftigt sich mit der Fragestellung, wie sich Strukturen prinzipiell verändern. Unter Struktur kann dabei eine Beziehungskonstellation ebenso verstanden werden wie ein Institution , ein Theoriegebäude oder eine Überzeugung. C.Hutter/H. Schwehm: Der kreative Zirkel. In: J.L. Morenos Werk in Schlüsselbegriffen. VS Verlag für Soziawissenschaften, Wiesbaden 2009, S. 283 - 305
[26] C. Stadler: Strukturniveau und kreativer Zirkel als Indikatoren für den Einsatz von Objekten und Symbolen im psychotherapeutischen Prozess. In: ZPS (2019) 18: 195-209, S. 206.
[27] C. Stadler: Ich bin viele. Ernst Reinhardt Verlag, München 2017, S. 161.
[28] E. Grissenberger: Organigramm-Soziogramm-Mensch: Psychodramatische Aufstellungsarbeit in der Supervision. In: ZPS (2019) (Suppl 1)18: 153 – 168, S. 159

### 2.2.3 Bedeutung von Beziehung in psychodramatischer Beratungsarbeit
„Supervision nenne ich ein Format, Psychodrama ein Verfahren der Beziehungsarbeit."[29]

So wie es keinen Menschen ohne einen anderen gäbe, gibt es kaum einen Beratungsprozess ohne die Erwähnung eines oder mehrerer Anderer durch den Klienten. Menschen setzen sich zueinander in Beziehung, ob neutral, positiv oder negativ. Andere können gut tun, oder nerven. Selbst wenn die Anderen ignoriert werden, sind sie doch im Umfeld präsent. Für Moreno war nicht das Individuum, sondern das soziale Atom[30] die kleinste Analyseeinheit; wodurch es in der psychodramatischen Beratungspraxis als kleinste Interventionseinheit gilt. Mit dieser Sichtweise rückt nicht die „Person" als „Problemfall" in den Fokus, sondern das Beziehungsgeflecht (vgl. Buckel, S. 293). Der Wirkfaktor Beziehung gilt als bedeutendster in der beraterischen Arbeit:[31] Für Moreno ist die bloße Begegnung bereits das Heilmittel der Wahl, daher konzipiert er Leitung weniger als Gegenüber der Gruppe, sondern als Teil derselben (Moreno 1959b, S. 110). Wenn PD wirksam sein soll, müssen Hilfs-Ich[32]-Beziehungen zwischen allen Teilnehmer*innen der Gruppe entstehen (Moreno 1937, S. 18). Die kluge Leitung nutzt die Beziehungen innerhalb der Gruppe, die dem Protagonisten durch deren Hilfs-Ich-Tätigkeiten hilfreich sein können. Die Leitende steuert den Prozess und begleitet aufmerksam und empathisch die Klient*in. Sie selbst ist weder im Einzel-, noch im Gruppensetting in einer unmittelbaren, engen Beziehung zu derselben. Das Selbstverständnis der Prozess-Steuernden setzt die wesentlichen Grundgedanken des Abstinenzbegriffes um (vgl. Hutter 2020, S. 203). Für eine gute Arbeitsbeziehung (wie in anderen Formaten auch) sind in Supervision und Coaching auf beiden Seiten Aspekte wie Sympathie, Vertrauen, Motivation, Hoffnung, Ziel, Wertschätzung, Unvoreingenommenheit und Aufmerksamkeit notwendig (vgl. Grissenberger 2019, S. 154). Dabei gilt für die Supervisorin, dass sie sich (zwar) mit dem Klienten identifizieren muss, um dessen Lage, dessen Problematik und Interessen zu erkennen. Sie muss sich aber auch von ihm unterscheiden, um nicht vereinnahmt zu werden und noch eine fachliche Einschätzung gewinnen zu können (vgl. Ameln, Gerstmann, Kramer 2005, S. 469). Das supervisorische „Kerngeschäft" ist es, die Balancierung verschiedenster Antinomien in einer vertrauensvollen Beziehung zu gewährleisten (vgl. ebd.).

---

[29] F. Buer: Zur Dialektik von Supervision und Psychodrama. In: Ameln/ Gerstmann/Kramer Psychodrama. Springer Verlag Heidelberg 2005, S. 471.
[30] Nach Moreno und seinem Menschenbild ist dies die kleinste soziale Einheit. Demnach können wir nie ohne soziale Beziehungen sein; wir „bestehen" auch innerlich aus mentalen Repräsentationen sozialer Beziehungen und den daraus ableitbaren Erwartungen. Es ist zum einen Dreh- und Angelpunkt für die Wirkmechanismen des PDs, andererseits „Ort" der Manifestationen dieser Wirkungen (vgl. Krauskopf, von Ameln, in ZS PD & Soziometrie (2016) 15: 193 – 197, S. 193)
[31] C. Hutter: Von Moreno zu einem modernen psychodramatischen Leitungsverständnis, in: ZSP (2020) 19: S. 199-209, S. 202.
[32] Neben der Bühne, der Psychodrama-Leiter*in, der Protagonist*in und der Gruppe, kommen meist die „Hilfs-Iche" zum Einsatz. Diese werden im Rahmen eines psychodramatischen Spiels von der Klientin gewählt und können alle erdenklichen Rollen übernehmen (vgl. Spitzer-Prohaska in ZS Psychodrama Soziometrie (2021) 20: 1-5, Bsp. in Tab.I, ebd.).

## 2.2.4 Bedeutung von Emotionen in psychodramatischer Beratungsarbeit

Früher oder später tauchen in der Beratungsarbeit beim Klienten Gefühle auf. Indem die Supervisorin diese Gefühle aufnimmt, hilft sie der Klientin, dieselben weiter zu differenzieren und dadurch größere Klarheit zu gewinnen. Fragen, die hierbei hilfreich sein können: Was nehmen Sie selbst/an Ihrem Gegenüber/der Situation wahr? Was fällt Ihnen an Ihrer Bewegung/Ihrer Haltung auf? Was spüren Sie in Ihrem Körper? Was möchten Sie tun?

Gefühle sind einerseits „immens differenzierte Phänomene und eingebunden in komplexe Zusammenhänge" und andererseits „bringen sie komplexe Strukturen auf den Punkt."[33] Für die psychodramatische Supervision sind Gefühle konstitutiv. Reineck und Buckel beschreiben sie im Verfahren als „Orientierung gebende Instanz" und legen dar, dass Antworten auf die Frage „Was will ich eigentlich?" bereits die emotionale Einfärbung mit möglichen Alternativen koppelt. Für die Klienten ist demnach hilfreich, dass sie im Verlauf von psychodramatischen Inszenierungen Gefühle „auf die Bühne holen können", was sowohl eine größere Dichte im Spielgeschehen, als auch gleichzeitig einen Distanzgewinn zum inneren Erleben ermöglicht.[34] Der Klient sieht von außen, was sich in seinem oder im Inneren einer anderen Person ereignet, und kann damit in Interaktion treten. Damit wird die Emotion im psychodramatischen Spiel zum Bestandteil einer Struktur bildenden Arbeit, die eine bisherige Sicht ändert und etwas Neues oder Anderes gestaltet. Die Spannung zwischen Thema und Gegenthema wird so auch innerhalb der Emotionalität über die Ausdruckarbeit in einer integrierenden Synthese aufgehoben (vgl. Reineck/Buckel 2018, S. 91). Psychodramatische Supervision und Coaching verfolgt das Ziel, „Kognition und Emotion gleichermaßen anzusprechen und [...] konstruktiv miteinander zu verbinden". Die klassischen Phasen (vgl. Kap. 2.2 und 3.3) bieten dafür optimale Voraussetzungen (vgl. von Ameln, Gerstmann, Kramer 2005, S. 395 ff.). Schreyögg weist in diesem Zusammenhang darauf hin, dass etwaige Selbstdeutungen von Supervisand*innen nie von der Erfahrung losgelöste Abstraktionen enthalten, sondern mit dem Erleben der Klienten in Verbindung stehen sollen (vgl. Schreyögg 2016, S. 24).

---

[33] C. Hutter: (Nicht nur) Psychodramatische Anmerkungen zu aggressivem Verhalten. *ZPS 2007; 1:9-23*
[34] U. Reineck/C. Buckel: Emotionen im Psychodrama, unveröffentlichtes Manuskript auf der Seite des DFP 2017, S. 1-6, S.4

11

# 3 Darstellung und Reflexion praktischer Beispiele

## 3.1 Psychodramatisches Arbeiten in der dyadischen Supervision[35]

Für das supervisorische Einzelsetting geeignete Techniken sind Elemente der Aufstellungsarbeit (vgl. Kap. 3.1.1 und 3.2) und der Soziometrie: soziales und kulturelles Atom, soziales Netzwerk, Genosoziogramm und Skulptur, sowie das figurative Spiel auf der Tischbühne, etc. (vgl. ZSP 02/2016). Die Möglichkeit, handlungsorientiert mit Symbolen oder in Rollen agieren zu können, hilft den Klienten die eigene Spontaneität und Kreativität ins Laufen zu bringen. Im Einzelsetting der Supervision rückt die Klient*in zwangsläufig in den Vordergrund (Buer 2004, S. 57), da keine weiteren Gruppenmitglieder anwesend sind. Der Supervisor bzw. Coach übernimmt unter bestimmten Voraussetzungen gegebenenfalls Hilfs-Ich-Rollen des SVd / Coachee.

### 3.1.1 Supervision mit einer Lehrerin in Vorbereitung (LiV)

Bereits in der Ausbildung sollten Lehrer*innen Gelegenheit erhalten, über Arbeitsformen und Elemente von Supervision, ihre Wahrnehmungs-, Kommunikations-, Kontakt-, und Konfliktfähigkeit gezielt zu entwickeln, sowie Handlungsmöglichkeiten in Übungssituationen zu erproben. Da LiV dieses Angebot nur vereinzelt von deren Studienseminaren erhalten, obliegt es häufig ihrem persönlichen Engagement (oder der Größe des Leidensdrucks) Beratung zu erhalten. Themen in der supervisorischen Arbeit mit LiV sind z.B. innere und äußere Rollenkonflikte im Hinblick auf die berufliche Identität (z.B. Lehrende, Bewertende, Kollegin, Verantwortliche, Struktur gebende, Verantwortliche für die Elternarbeit, Ansprechpartnerin für Institutionen, u.v.a.m.), es geht um die begleitende Entwicklung und Festigung der beruflichen Rollenidentität der LiV.

#### 3.1.1.1 Sitzung 1    Regiestuhl-Technik

*Ausgangslage:* Frau H. möchte sich in der ersten Sitzung auf das anstehende Bewertungs-Gespräch mit ihrer Schulleiter*in vorbereiten. Ihre Furcht vor schlechter Bewertung kurz vor dem zweiten Staatsexamen liegt nicht in schlechten Leistungen sondern in einem Konflikt mit ihrer Mentorin begründet. Die Mentorin Frau K. hatte ihr Mentor*innenamt nach einem Streit mit Frau H. niedergelegt und auch der Versuch eines vermittelnden Gespräches mit der Schulleiter*in konnte keine Befriedung der Situation herbeiführen. Der Konflikt, der auch das freundschaftlich-vertraute Verhältnis zwischen Mentorin und LiV beendete, hatte dazu geführt, dass Frau H. sich in der schulischen Tätigkeit zunehmend zurückzog und nur noch mit wenigen Kolleg*innen im Kontakt war. Die Reaktion des Rückzugs lag in den Befürchtungen auf Seiten von Frau H. begründet, dass das gesamte Kollegium und auch die

---

[35] Die dyadische Supervision wird analog zum Begriff der Einzelsupervision verwendet, d.h. die/der Supervisor*in/Coach arbeitet alleine mit der Klient*in.

Schulleiterin auf Seiten ihrer ehemaligen Mentorin stehe. Die von Frau H. beschriebenen Gefühle von Ohnmacht, von Angst und Scham wirken so stark, dass sie vermeidet, ins Lehrerzimmer zu gehen, anderen Kolleg*innen zu begegnen oder mit anderen Kolleg*innen zu kooperieren. Diese selbst gewählte „Isolation" gilt nicht für ihre Mit-LiV, Frau Ö. und auch nicht für ihre Kollegin Frau G., mit der sie eng zusammenarbeitet und mit der sie ein vertrauensvolles Verhältnis pflegt. Sie ist ihre zweite Mentorin. Außerdem hat sie Rückhalt beim Vertreter des örtlichen Schulpersonalrats gefunden. Schon meine Frage, welcher Anlass sie in die Beratung bringt, löst bei der Klientin Traurigkeit aus. Weinen und die Schilderung des Erlebten wechseln sich immer wieder ab, so dass ich den Eindruck gewinne, dass das Gefühl der Trauer sehr dominant ist. Als sie das Ziel der Sitzung benennt, nämlich dass sie in dem anstehenden Gespräch mit der Schulleiter*in unter keinen Umständen in Tränen ausbrechen möchte, muss sie lachen, weil es ihr in dem Moment nicht möglich erscheint. Sie möchte sachlich die eigenen professionellen Leistungen, die sie als LiV in den vergangenen anderthalb Jahren an der Schule erbracht hat, in den Mittelpunkt stellen und nicht den Vorfall der Streitigkeit mit der Mentorin. Sie hofft außerdem auf eine weitere Beschäftigung an der Schule. Die ungeklärte und unausgesprochene Konfliktsituation mit der ehemaligen Mentorin hält Frau H. in einer traurigen, ohnmächtigen Situation gefangen, daher schlage ich einen Stuhldialog vor, mit dem Frau H. die Möglichkeit erhält, aktiv zu werden und auszusprechen, was sie empfindet. Erst wenn die zu diesem Zeitpunkt vorherrschenden Gefühle der Klientin integriert sind, wird sie das Gespräch mit der Schulleiterin auch ohne Tränen führen können.

**Regiestuhl-Technik mit „Inneren Anteilen" und Reflexion:**
In der psychodramatischen Rollendiagnostik steht die Selbstbeobachtung im Vordergrund, die die Klientin dazu anregen soll, eigenen Emotionen, Wünschen, Konflikten auf die Spur zu kommen.[36] Ich wähle diese Technik, um der Klientin Gelegenheit zu geben, den eigenen Emotionen begegnen zu können, mit dem Ziel ihr Verständnis für sich selbst zu stärken. Frau H. wünscht sich, der ehemaligen Mentorin in einem simulierten Gespräch zu sagen, was es noch zu sagen gibt. Dafür platziert die Klientin zwei leere Stühle[37] auf der Bühne (für sich selbst und für die Mentorin) und besetzt zunächst den eigenen Stuhl. Frau H. stellt sich vor, dass die ehemalige Mentorin Frau K. später auf die Bühne kommt. Ich lade sie ein, mir zu zeigen, wie sie wartend auf dem Stuhl sitzt. „Ich möchte mal sehen, wie das aussieht!", „Versuchen Sie einen Ausdruck dieser Situation zu schaffen!" Frau H. sitzt aufrecht und angespannt, mit „starrem" Blick auf den gegenüberstehenden Stuhl gerichtet. Im Interview exploriere ich ihre Befindlichkeit. Das sich nun anschließende explorative Rollenspiel verfolgt das Ziel, die Aufmerksamkeit des Klientin auszurichten: absichtsvoll, im Hier-und-Jetzt der

---

[36] Roger Schaller: Stellen Sie sich vor, Sie sind ..., Hofgrefe Verlag, Bern 2009, S. 44
[37] Unter dem Begriff *Stuhldialog* wird diese Form des Rollenspiels in verschiedenen Varianten häufig eingesetzt. Vgl. Jacob&Arndtz 2015)

Spielsituation, auf die eigenen Gefühle achtend (vgl. ebd., S. 45). Frau H. fühlt sich schwer, ängstlich und wütend zugleich. Darüber hinaus freut sie sich, der ehemaligen Mentorin endlich sagen zu können, was sie denkt. Vielfach sind Gefühlszustände diffus, und wir wissen nicht genau, wie wir uns fühlen. Ein Gefühl körperlich darzustellen kann eine Hilfe sein, um herauszufinden, was genau wir fühlen und wollen. Ziel einer solchen „kathartischen" Übung ist nicht, Dampf abzulassen, sondern Gefühle zu erkennen und anzuerkennen, um dem vorgefallenen Ereignis eine neue Bedeutung zu geben (vgl. Schaller 2016, S. 123). Frau H. benennt die beiden Gefühle Wut und Trauer und stimmt zu, für jeden der beiden Anteile einen weiteren Stuhl auf die Bühne zu holen (siehe Abb.2). Ich lade sie ein, auf den Stuhl zu wechseln, der die „Trauer" verkörpert und sich vorzustellen, dass sie aus dieser Rolle zu ihrer ehemaligen Mentorin redet. Frau H. in der Rolle der Trauer sitzt zusammengekauert auf dem Stuhl und gibt in einem Redeschwall all ihrer Enttäuschung Ausdruck. Enttäuschung darüber, dass sie sich von der ehemaligen Mentorin – die auch Freundin war - verraten fühlt, dass sie noch immer nicht versteht, wie es dazu kommen konnte. Als Botschaft an Frau H. formuliert die Trauer den Satz: „ Ich bin groß und stark und mich kannst du nicht einfach still stellen!"

Auf den Stuhl der eigenen Rolle zurückgekehrt, hört sich Frau H. den Satz an, den ich aus der Rolle ihrer Trauer wiederhole. Als Supervisorin (vom Bühnenrand) frage ich sie, wie es ihr mit dieser Botschaft geht. Sie erlebt den Einfluss der Trauer als mächtig. Im nächsten Schritt wechselt Frau H. auf den Stuhl der Wut. In der Exploration wird ihre Stimme lauter, sie erhebt sich und äußert lautstark Vorwürfe in Richtung des Stuhls der (vorgestellten) Antagonistin (Sätze wie z.B.: „Du hast mich verraten! Ich habe so viel für dich getan! Du hast mich ausgenutzt! Du sprichst hinter meinem Rücken schlecht über mich! Du machst mich bei Kollegen und Schulleitung schlecht!", etc.). Als Botschaft an Frau H. sagt sie aus der Rolle der Wut: „Hör auf zu heulen und wehre dich endlich! Sag laut, was passiert ist!" Auf den Stuhl der eigenen Rolle zurückgekehrt, hört sich Frau H. den Satz an, den ich im Rollenwechsel aus der Rolle ihrer Wut wiederhole. Aus der Rolle der Supervisorin (erneut vom Bühnenrand) frage ich sie, wie es ihr mit dieser Botschaft geht. Frau H. wirkt nachdenklich und hört sich noch einmal die beiden Botschaften auf dem „eigenen" Stuhl sitzend an. Ich bitte Frau H. aufzustehen und mit mir an den Rand der Bühne zu gehen. Der distanzierte Blick auf die Szene und auf die beiden Gefühlsanteile hilft Frau H. die 3. Personen-Perspektive einzunehmen, die aus der konflikthaften Interaktion mit dem „Du" (der Mentorin) nicht möglich gewesen wäre. Das Vorgehen ermöglicht es der Klientin schrittweise, diese 3. Person-Perspektive einzunehmen und das eigene Verhalten, Fühlen und Denken quasi von außen zu betrachten. Die 3. Ebene ist die des bewussten Denkens,

Fühlens und Handelns: die Klientin nimmt gewissermaßen eine Meta-Position ein.[38] Im Gespräch am Bühnenrand äußert Frau H. zunächst Verständnis für die Klientin und für die beiden Gefühlsanteile. Sie beschließt, vom Regiestuhl (der eigenen Rolle) aus den beiden Anteilen Trauer und Wut zu verstehen zu geben, dass sie sie sieht und wahrnimmt und wertschätzt, dass sie aber selbst bestimmen möchte, wie sehr sie ihnen (den beiden Gefühlen) Ausdruck verleiht. Frau H. teilt den beiden Gefühlsanteilen mit, dass sie sie durchaus ernst und wahrnimmt, dass sie sie an ihrer Seite weiß und dass es aber noch die Stimme der Vernunft gibt, die Raum braucht und das Gespräch leiten soll. Dadurch wird Frau H. aktiv, sie ist wieder handlungsfähig, das Gefühl der Ohnmacht ist im Hintergrund. Durch den wiederholten Wechsel aus der Spielrolle in die Regierolle und die Selbstreflexion im Regiegespräch kann die Klientin die Erfahrung machen, dass dieses Spielen mit der Realität zwar starke Emotionen auslösen kann, diese aber reguliert werden können (vgl. Schaller 2017, S. 225). Zum Ende der Szene spricht sie aus der eigenen Rolle zum Stuhl der Antagonistin, dabei benennt sie kritische Punkte, bleibt aber ruhig und klar, ohne von einem der beiden Gefühlsanteile „übermannt" zu werden. Danach räumt Frau H. die Szene ab und wir kehren in den Besprechungsraum zurück, damit Frau H. das Erlebte auch verbal reflektierend verarbeiten und wir es gemeinsam auswerten können.

### 3.1.1.2 Sitzung 2    Rollentraining

*Ausgangslage:* Frau H. berichtet, dass sie sich im Anschluss an die vergangene Sitzung wieder entspannter fühlte. Mutiger auch, so dass sie den Gang ins Lehrerzimmer häufiger gehen konnte und dass sie den Kolleg*innen-Kreis, mit dem sie in Kontakt steht, erweitern konnte. Echte Begegnungen mit der ehemaligen Mentorin fanden nur vereinzelt statt, Frau H. konnte aber in diesen Situationen zunehmend gelassener bleiben. Für die heutige Sitzung wünscht sie sich die Vorbereitung auf das herannahende Gespräch mit der Schulleiterin, in dem diese ihr den Bewertungsvorschlag der Schule präsentiert. Gewöhnlich legt die Schulleiterin der LiV ein Gutachten vor, welches die Benotung begründet und das im Anschluss an das Gespräch von der LiV zu unterzeichnen ist. Frau H. befürchtet, dass der bestehende Konflikt sich negativ auf ihre Note auswirken wird und möchte das Gespräch „trainieren". Frau H. baut die Szene auf, das Gespräch wird im Zimmer der Schulleiterin stattfinden.

**Rollentraining Phase I:** Wir vereinbaren mehrere Rollenspiel-Durchgänge. Die Problemsituation und das problematische Verhalten werden noch einmal genau benannt (Frau H. befürchtet, dass Emotionen die Oberhand gewinnen, zu schnelles und wirres Reden, wenig Sachlichkeit, schlimmstenfalls Tränen, kein roter Faden in der Argumentation). Wir besprechen, welche Gegenstände für die Einrichtung eines imaginären Büros nötig sind,

---

[38] Roger Schaller: Regiegespräch – die zentrale Technik für das Psychodrama im Einzelsetting. In: ZPS (2017)16:223-233, S. 224

und ich lade Frau H. ein, die Szene „aufzubauen" und in die Rolle der Schulleiterin zu wechseln. Im Rolleninterview vermittelt Frau H. das Bild einer sachlich zugewandten, freundlich offenen Schulleiterin, die auf das Bewertungsgespräch mit Frau H. wartet. Als Botschaft formuliert sie: *Ich leite diese Schule und muss alles im Blick haben!*

In **Phase II** des Trainings lade ich Frau H. ein, das Gespräch im ersten Durchlauf als Worst-Case-Szenario (in der eigenen Rolle) zu spielen, d.h. sie soll möglichst übertrieben alle vorher benannten unerwünschten Verhaltensweisen darstellen. In diesem Spiel wechsle ich in die Rolle der Schulleiterin. Die „Katastrophen-Vorstellung" wird von Frau H. mit einer deutlichen Freude gespielt; Fehler sind klar erkennbar. Dieselbe Szene wird mit vertauschten Rollen wiederholt, dabei wechselt Frau H. in die Rolle der Schulleiterin und ich repräsentiere Frau H., die alle unerwünschten Verhaltensweisen im Gespräch zeigt. Daran schließt sich eine gemeinsame Auswertung an, d.h. die im Spiel erlebten Kognitionen, Emotionen und physiologisch-motorischen Reaktionen werden besprochen. Das explorative Rollenspiel ist ein erster Schritt zum Training von neuen, adäquateren Verhaltensweisen: Das Erkennen von eigenem inadäquaten Verhalten und von neuen Handlungsmöglichkeiten dient dem Überwinden von Rollenkonserven[39] (Rollenmustern). Sie können helfen, kreatives Handeln zu üben und Spontaneität zu fördern (vgl. Schaller 2016, S. 193).

Nachdem Frau H. das erwünschte Zielverhalten mit einigen Sätzen beschrieben hat, wird das erste Rollentraining mit Zielverhalten durchgeführt: Frau H. spielt nun das erwünschte Verhalten; es wird im nächsten Durchgang erneut ein Rollenwechsel vorgenommen, damit Frau H. auch immer die Perspektive der Schulleiterin einnehmen kann. Mit verschiedenen Techniken (Doppeln, Spiegeln, Rollenwechsel, Einfrieren, Rolleninterview, etc.) wird die Aufmerksamkeit von Frau H. auf die kognitiven Prozesse gerichtet, die eine Veränderung des Verhaltens ermöglichen (bzw. blockieren). Dann wird das Rollenspiel von mir beendet und ich fordere Frau H. auf, die Rolle der LiV, die bewertet wird, abzulegen, den Szenenaufbau jedoch stehen zu lassen („Vielleicht kommen wir noch einmal in die Szene zurück, wenn wir in der Nachbesprechung etwas Konkretes zeigen wollen").

**Phase III** (Auswertung und Rollen-Feedback)

Frau H. schildert ihre Erlebnisse, Eindrücke und Gefühle aus den verschiedenen Durchgängen in der Rolle als LiV und als Schulleiterin. Ich gebe eine Rückmeldung aus der Rolle der Schulleiterin: „Es war mir wichtig zu sehen, dass Sie den Konflikt mit der ehemaligen Mentorin überwunden haben und professionell agieren." In der Auswertung beschreibt Frau H. die gesteigerte Sicherheit für das eigene Handeln im Gespräch dadurch, dass sie mehrere Varianten durchspielen und aus der Rolle der Schulleiterin das eigene Handeln erleben konnte.

---

[39] Rollenkonserve ist ein klassischer Begriff aus der Psychodrama-Therapie. Gemeint sind damit erlernte, bewährte und gut bekannte Rollenmuster. Dies sind Verhaltensmuster, die sich in einer spezifischen Situation bewährt haben und immer wieder eingesetzt werden, bzw. automatisch ablaufen.

### 3.1.1.3 Sitzung 3    Auswertung und Ausblick

In der Folgesitzung berichtet Frau H. vom Gespräch mit der Schulleiterin: Sie konnte das im Rollentraining Geübte anwenden und war zufrieden mit der eigenen Gesprächsführung. Die von der Schulleiterin vorgeschlagene Bewertung konnte Frau H. sogar durch geschicktes Argumentieren um einen Punkt verbessern, was sie unmittelbar auf die intensive Vorbereitung zurückführte. Um Frau H. für zukünftige Krisensituationen zu wappnen, hatte ich sie in der vorangegangenen Sitzung gebeten, zur heutigen Sitzung (ca. 6-8) verschiedene Gegenstände mitzubringen, die sie als Symbole für die heutige Arbeit nutzen soll. Einziger Hinweis auf die Art der Symbole war, dass sie für Frau H. „schön, energetisch und haptisch ansprechend, Freude auslösend", etc. sein sollten. Ich schlage vor, dass sie sich ganz von ihrer Intuition leiten lässt. Mein Ansinnen ist es, Frau H. dabei zu begleiten, für die vereinbarte letzte Sitzung einen „Notfallkoffer für die Zukunft" zusammenzustellen. Erarbeitet werden sollen dabei Ressourcen auf verschiedenen Ebenen, die symbolisch so umgesetzt werden, dass Frau H. sie mitnehmen und immer wieder betrachten kann. Die Ressourcenorientierung richtet den Blick hin auf Potenziale, Stärken und Möglichkeiten für die Supervisandin. Frau H. erhält eine Schachtel, die sie als „Notfallkoffer" beschriften (und ggf. später auch noch dekorieren) kann. Im ersten Schritt benennt Frau H. eine Situation, in welcher der Koffer zum Einsatz kommen könnte: Frau H. äußert die Befürchtung, dass sie nach der Prüfung keinen Anschlussvertrag an der Schule erhalten wird. Dies wäre für sie eine solche Gelegenheit. Aus den vorbereiteten Materialien soll für jede entdeckte und neu entwickelte Ressource ein Symbol gefunden werden, das einen Platz im Notfallkoffer bekommt. Mit meiner Unterstützung wählt Frau H. nacheinander je einen mitgebrachten Gegenstand aus und beschreibt, für was dieser Gegenstand für sie steht. Mit dem Aufdecken und Bewusstmachen von Ressourcen öffnen sich für Frau H. neue Wege und ggf. Hilfen zur Problemlösung. (Muschel: Einzigartigkeit, Brief einer Freundin: Wertschätzung, Stein: eigene Stabilität und Verlässlichkeit, Feder: Leichtigkeit, Foto ihres Partners: Verbundenheit, Schwimmbrille: Abstand nehmen können) und exploriert im Rollentausch, wofür genau das Symbol steht und wie es zukünftig zum Einsatz kommen kann. Am Ende der Sitzung verbalisiert Frau H. die Erkenntnis, dass es für die Lösungsfindung nicht immer großer Veränderungen bedarf, sondern dass bereits die veränderte Bewertung der Umstände das Problem lösen kann. Im Falle von Frau H. würde die ausbleibende Verlängerung des Angestelltenvertrages eine Neueinstellung, ggf. Festanstellung an einer anderen Schule bedeuten, z.B. einer Schule, die näher an ihrem Wohnort läge und in der sie nicht mehr mit der ehemaligen Mentorin konfrontiert ist.

## 3.2    Supervision mit Lehrer*innen im Einzelsetting

Die Themen, mit denen LuL Beratung in Anspruch nehmen, gleichen jenen der LiV insofern, als sie im selben System tätig sind. Die Belastungen und Herausforderungen, denen LuL gegenüberstehen, die langjährig im Dienst sind, beziehen sich aber meist auf andere Bereiche, als die der LiV.

### 3.2.1 Aufstellungsarbeit mit Intermediärobjekten zur Ressourcenaktivierung

Die Reflexion beruflicher Rollen bezieht sich in der nachfolgend beschriebenen Sitzung auf das konflikthaft erlebte Verhältnis eines Lehrers zu einer Kollegin. Auch wenn es um seine soziale Rolle „Kollege von Frau H." geht, wird im Sitzungsverlauf deutlich, dass immer die Gesamtheit aller Rollen mitschwingt.[40] Ich kenne Herrn T. bereits seit längerer Zeit, er arbeitet seit 20 Jahren an einer Gesamtschule in Hessen, ist Fachleiter des Faches Religion und unterrichtet darüber hinaus Mathe und Sport. Er nimmt sporadisch Supervision in Anspruch, um z.B. auftretenden Rollenkonflikten professionell zu begegnen. Die Arbeit mit Intermediärobjekten kennt er aus der gemeinsamen Arbeit. Für den Einsatz von Symbolen oder Intermediärobjekten ist laut Stadler zu bedenken, dass „Je integrierter und differenzierter die Persönlichkeitsstruktur, je mentalisierungsfähiger der Klient, desto differenzierter kann die Symbolik ausfallen – z.B. Tierfiguren, menschlich aussehende Figuren" (vgl. Stadler 2017, S. 50). Da Herrn T.'s Strukturniveau dieser Prämisse entspricht, sehe ich keine Gefahr darin, ihn mit Intermediärobjekten der höheren Ebene zu konfrontieren. Die Möglichkeit, dass über die Wahl der Symbolfiguren eine tiefer gehende Exploration seiner inneren Haltungen, Gefühle und Weltsichten entsteht, ist beabsichtigt und kann in einer Folgesitzung vorgenommen werden (vgl. Stadler 2017).

*Ausgangslage:* Herr T. belastet das Verhalten einer Fach-Kolleg*in und stellt die Frage „Warum gebe ich dem Verhalten von H. so viel Aufmerksamkeit und Bedeutung?" Er fühlt sich im Kontakt mit ihr abgewertet und geringschätzig „behandelt". Er fühlt sich in diesen Momenten ohnmächtig. Die von mir dahinter stehende Vermutung einer Übertragung und deren Bearbeitung verfolge ich im Beratungssetting nicht weiter, vielmehr denke ich zunächst eine Belebung von Gegenrollen an, die den Kienten dabei unterstützen, seine Ressourcen zu erforschen und zu aktivieren. Eine Erwärmung, wie im kreativen Zirkel in Kap. 2.2.2 beschrieben, findet durch die Schilderung der Ausgangslage statt. Herr T. kennt Aufstellungsszenarien aus früheren Sitzungen. „Die zentralen Psychodramatechniken verwirklichen sehr differenziert die Funktionen bzw. Werkzeuge des *inneren* Mentalisierens im *äußeren* Spiel"[41]

AUs rechtlichen Gründen wurden die Abb. entfernt. (Anm. d. Red.)

---

[40] G. Denk: Intermediärobjekte in der Supervision – eine Verführung. In: *ZPS (2019) 18: 223-231, S. 224*
[41] R. Krüger / C. Stadler: Mentalisieren durch psychodramatisches Spielen – zur therapeutischen Wirkung des Psychodramas. ZPS 2015; 14:301-310.

Das Aufstellungsszenario ermöglicht es, dem Klienten das Supervisionsthema zu veranschaulichen. Dabei kann er seine Gedanken visualisieren, und durch das Besetzen und Stellen mit Symbolen einen besseren Überblick über die Situation bekommen. Personen bekommen Gestalt, Beziehungen und Gefühle werden veranschaulicht. Bevor Herr T. die Szene aufstellt, beschreibt er Frau H.'s Auftreten mit den Adjektiven „arrogant" und „hochnäsig", so dass er in der Exploration neben dem Gefühl des in ihm aufsteigenden Ärgers (symbolisiert mit dem Wolf) ein Gefühl der Hilflosigkeit und Ohnmacht (Symbol Hase) beschreibt. Er fühlt sich in diesem Moment klein und bedeutungslos (wie ein „kleines Äffchen"). Im RT mit seinem erwachsenen Anteil (dargestellt mit einem Sessel), bittet er zwei stärkende Anteile, seine Ressourcen-Rollen, auf die Bühne (Herr T. der Christ, symbolisiert mit der Eule und Herr T., der geschätzte Freund und Kollege, symbolisiert durch den Frosch), die er auf zwei Säulen neben die Kollegin platziert. Im RT mit diesen spürt er, wie klein und bedeutungslos die Abwertung der Kollegin im Vergleich mit seinen Ressourcen ist. Im RT mit dem Anteil Christ erkennt er, dass dieser den aufkommenden Ärger unterdrückt.

Im Spiegel überschreibt Herr T. seine Aufstellung mit dem Titel „Es war einmal ...". Im Auswertungsgespräch formuliert er als eine Erkenntnis, dass er die Kollegin „ermächtigt" hatte, sich klein zu fühlen. Für die nächste Begegnung mit der Kollegin fühlt sich Herr T. gut aufgestellt, weil er das Bild der stärkenden Anteile mit in diese Begegnung nehmen wird.

### 3.2.2 Aufstellungsarbeit mit Intermediärobjekten als Entscheidungshilfe

*Ausgangslage:* Frau S. arbeitet seit zwei Jahren mit vollem Stundenumfang als angestellte Lehrerin an einer Sek I Schule in Hessen. Ihre Arbeitsverträge sind bisher zeitlich befristet und aufgrund ihrer Fächerkombination besteht wenig Aussicht auf Festanstallung bzw. Verbeamtung. Seit geraumer Zeit bewirbt sie sich auch an anderen Schulen und erhielt nun ein Angebot mit Aussicht auf Festanstellung. In der Einzelsupervision möchte sie klären, ob sie an ihrer derzeitigen Schule bleiben oder sich neu orientieren sollte und dem Angebot der anderen Schule folgen sollte. Sie möchte für sich mehr Klarheit darüber gewinnen, welche Aspekte für und welche gegen die beiden Optionen sprechen. Die Klientin fühlt sich zerrissen und spricht davon, dass ihr Kopf für den Wechsel und ihr Bauch für das Dableiben sprechen. Sie fühlt sich traurig und spürt den Entscheidungsdruck auf ihren Schultern. Sie möchte in der Sitzung Entlastung finden und der Entscheidungsfindung näher kommen.

Zunächst findet Frau S. einen Platz für sich selbst auf ihrer Bühne und mentalisiert die gegenwärtige Situation. Das Bild der Zerrissenheit taucht erneut auf und die zugrundeliegende Ambivalenz schreibt Frau S. den beiden Optionen zu: Auf einer diagonalen Linie stellt sie die beiden Schulstandorte diametral gegenüberliegend auf. Zwei Stühle für die gegenwärtige und zwei für die mögliche alternative „neue" Arbeitsstelle. Für sich selbst wählt sie das Symbol der Schildkröte, das stellvertretend an ihrer Stelle sitzt. Da Frau S. im Gespräch über Selbstzweifel bei Entscheidungsfindungen berichtet, frage ich sie,

19

ob es in ihrem Umfeld eine Berater*in gibt, die im Zweifelsfall –am Bühnenrand wartend – befragt werden könnte. Frau S. benennt ihren Vater, den sie im Rollentausch vorstellt, mit einem Stuhl symbolisiert und an den Bühnenrand positioniert. Frau S. wählt in einem nächsten Schritt Symbole für die gegenwärtige Arbeitsstelle aus. Diese deuten auf starke Identifikation mit der Einrichtung, sowie emotionale Bindungen. Frau S. sieht hier ihre „Heimat", fühlt sich sehr wohl und verwurzelt.

Schon der Gedanke daran, die Schule verlassen zu müssen, liegt ihr wie ein „Stein" schwer auf der Brust. Als Botschaft aus der Rolle der Schule an Frau S. formuliert sie: „Hier gehörst du hin! Hier weißt du, was du hast!" Als Botschaft in ihrer eigenen Rolle hört, ist sie sehr berührt. Im Gespräch am Bühnenrand erklärt sie, dass sie sich über die starke Bindung ärgert, denn diese verhindert eine Neuorientierung. Ich schlage vor, in einem zweiten Schritt die „neue" Wirkungsstätte zu explorieren. Die Symbole, die sie wählt, zeigen anschaulich, wie Frau S. in einen „parallelen Denkprozess" verfällt, eine Denkweise, die es ihr ermöglicht, die neue Schule unvoreingenommen zu betrachten, ohne die andere „liebgewonnene" bereits verlassen zu haben. Im Rollentausch mit den Symbolen exploriert sie neue Gestaltungsspielräume, neue „Bälle" für ein neues „Spiel", eine „Überraschungskiste" und eine neue „Zeit", das heißt die erhoffte Verbeamtung auf Lebenszeit, die ihr derzeit nicht in Aussicht gestellt wird. Als Botschaft formuliert Frau S. aus der Rolle „Ich biete dir neue Möglichkeiten! Probier es aus!" In ihrer eigenen Rolle hört sich Frau S. beide Botschaften mehrfach an und antwortet in Richtung der neuen Schule, dass sie neugierig geworden ist, dass sie aber zunächst an ihrer alten Schule bleibt. Im Spiegel schaut Frau S. auf die Bühne und gibt ihrer Aufstellung den Titel: „Ich habe die Wahl!" In dem sich an die Aufstellung anschließenden Gespräch verdeutlicht Frau S., wie sich während der Arbeit das Gefühl der Zerrissenheit aufgelöst habe. Sie fühlt nun eine Gewissheit darüber, dass sie die Wahl hat. Sie hat einen Fahrplan und benennt konkrete Schritte, die sie nun gehen wird. Eine Klärung hat stattgefunden und für die Folgesitzung benennt sie Schritte, die sie bis dahin gegangen sein will.

## 3.3 Gruppensupervision

Neben Fällen, die einzelne Gruppenmitglieder aus dem beruflichen Alltag mitbringen, um sie in der Gruppe zu bearbeiten, können auch „psychodramatische Arbeitsformen auf der

Gruppenebene" stattfinden. Im Mittelpunkt steht hier nicht mehr der oder die Einzelne, sondern ein Thema (themenzentriertes Spiel), Strukturen und Prozesse der Gruppe (gruppenzentriertes Spiel) oder ein gesellschaftlich relevantes Phänomen (Soziodrama) (vgl. von Ameln, Gerstman, Kramer 2005, S. 99). Analog zum Verfahren ist meine Arbeitsweise in der Gruppensupervision prozessorientiert, d.h. ich orientiere mich beim Aufbau der Sitzungen an den Zyklen Erwärmung, Spielphase und Integrationsphase. Ggf. schließt sich hier ein Processing an. Für den Beginn der meisten Sitzungen mit Gruppen sind für mich das Aufstehen und in Bewegung kommen zentrale Elemente, die sowohl die Gruppenmitglieder mit sich selbst und mit den jeweils anderen in Kontakt bringen. Verschiedene Wahrnehmungskanäle werden geöffnet, Spontaneität und Kreativität werden angeregt, der kreative Zirkel (vgl. Kap.) kann starten. In der Gruppensupervision werden berufliche Themen von einzelnen Teilnehmer*innen eingebracht und die Gruppe entscheidet (ggf. durch soziometrische Wahl), welches Thema bearbeitet wird. Anders als im Einzelsetting gilt es in der Gruppensupervision, auf die Dynamik der Gruppe und den Gruppenprozess zu achten und diesen immer wieder zu thematisieren. Die Gruppenmitglieder unterstützen sich gegenseitig, indem sie sich der Klient*in (Protagonistin) zur szenischen Umsetzung als „Hilfs-Ich" zur Verfügung stellen. In dem Zusammenhang wird deutlich, wie wichtig die Beziehung zwischen den Teilnehmenden für den Verlauf der Sitzungen ist. Diese wird nach psychodramatischem Verständnis durch das Tele[42] zwischen den Gruppenmitgliedern bestimmt und in soziometrischen Arbeitsformen sichtbar.

### 3.3.1  Gruppensupervision mit Ausbilder*innen von LiV

Im folgenden Abschnitt stelle ich Elemente von Supervision mit einer Gruppe von Ausbilder*innen (am Studienseminar für Lehramt an Gymnasien) dar und reflektiere diese. Die Gruppe besteht aus sieben Mitglieder*innen, einer Kerngruppe von 5 Teilnehmer*innen, die bereits seit 10 bzw. 12 Jahren gemeinsam supervisorisch arbeiten, und zwei neuen Kolleg*innen. Ich wurde vor zwei Jahren als Supervisorin angefragt, weil das Verfahren Psychodrama gewünscht war. Die Gruppe der Ausbilder*innen am Studienseminar einer mittelhessischen Kleinstadt hat mit Überlastung und verschiedensten Rollenkonflikten zu kämpfen. Immer wieder stellt sich die Frage, was können wir tun, wie können wir mit bestimmten Sachverhalten „umgehen". Ich supervidiere die Gruppe im 2. Jahr. Es besteht ein Halbjahreskontrakt mit 6 Sitzungen, an dessen Ende jeweils eine Auswertung steht. Inhalt des Kontraktes sind u.a. Rollen-, Beziehungs- und Konfliktklärungen, Umgang mit Ambivalenzen und Dilemmata, Umgang mit Macht, Verbesserung der Psychohygiene, sowie der kollegiale Austausch. Dieser hat insofern große Bedeutung, dass die Tätigkeit am Studienseminar nur sehr selten Gelegenheiten zum professionellen (kollegialen) Austausch

---

[42] „Tele" ist ein zentrales Theoriekonzept des Psychodramas, welches jede Aktion des Menschen als Interaktion betrachtet. Erst in der Begegnung konstituiert der Mensch sein inneres Selbst. Moreno verwendet für diese art der Begegnung den Begriff Tele. (vgl. Hutter/Schwehm: Morenos Werk in Schlüsselbegriffen, 2009; B. Haus: Psychodrama in der Schule 2016).

vorsieht. Die Ziele im Kontrakt sind so formuliert, dass ausreichend Spielraum für den Prozess vorhanden ist. Die Gruppe trifft sich monatlich und wünscht explizit die Anwendung psychodramatischer Methoden. Themen der Gruppe der nachfolgend beschriebenen Sitzung: Einführung neuer Teilnehmer*innen, Gruppenidentität, Interrollenkonflikt, Abgrenzung, Verantwortung.

### 3.3.1.1 Sitzung 1    Aktionssoziometrie und Skulpturarbeit

*Ausgangslage*: Die Gruppe hat nach langer Zeit (10 Jahre) beschlossen, zwei neue Mitglieder (Frau T. und Herrn V.) aufzunehmen. Diese Entscheidung lag darin begründet, dass eine Kollegin durch Schwangerschaft die Gruppe verlassen hatte und alle Mitglieder*innen für die Aufnahme zweier weiterer Teilnehmer*innen plädierten. Einstimmig war in der vergangenen Sitzung deren Aufnahme beschlossen worden.

Die erste Sitzung starte ich wie meist in Supervisionen mit Aktionssoziometrie, d.h. die Gruppe stellt sich nach bestimmten Kriterien im Raum auf. Das Ziel dieser Intervention liegt darin, klassisch-soziometrische Gruppenstrukturen sowie die Einstellungen der Gruppenmitglieder zu einem für die Gruppe relevanten Thema in Aktion auszudrücken und damit deutlich bearbeitbar zu machen (vgl. von Ameln, Gerstmann, Kramer 2005, S. 39).

*Kriterium:* Lebendige Landkarte des Arbeits- und des Wohnortes. Eine Kollegin wohnt in größerer Entfernung zur Dienststelle, alle anderen in der Nähe, alle arbeiten im selben Studienseminar. *Kriterium:* Dienstalter, Alter: Deutlich wird durch die soziometrische Aufstellung, dass fünf der SVd bereits seit vielen Jahren im Ausbildungsdienst tätig sind. Diese sind alle Mitte fünfzig, die beiden neuen Teilnehmenden um die dreißig Jahre jung und zudem neu in der Rolle der Ausbildenden. Deutlich wird durch die soziometrische Aufstellung, dass der Mittelbau in der Gruppe fehlt. Durch die Aktionssoziometrie müssen sich alle zeigen, aber auf eine ungefährliche Weise. *Kriterium:* Wer kennt wen, woher, wie lange? Diese Aufstellung zeigt, dass sich fünf der Teilnehmenden bereits seit 10 bzw. 12 Jahren kennen, dass sie im beruflichen Bereich zusammen Verantwortung tragen (z.B. im Personalrat oder in Fachgruppen), dass sie zum Teil auch privat freundschaftlich verbunden sind. Es zeigt sich weiterhin, dass die junge Frau T. Referendarin der gruppenältesten Frau H. war. Für mich und alle anderen eine wichtige Information. Mich interessiert, wie die beiden Frauen den Rollenwechsel von LiV zur Kollegin am Studienseminar vollziehen und ob es Reste aus der alten Rollenbeziehung gibt. Frau T. ist auf Empfehlung von Frau H. in die Gruppe gekommen. Herr V. kam auf Empfehlung des zweiten Mannes (über die Dauer von 12 Jahren war er der „Hahn im Korb") in die Gruppe, die beiden kennen sich aus schulisch kollegialem Umfeld. *Kriterium:* Erfahrung mit (Gruppen) - Supervision

Die zuvor genannten 5 Menschen sind zwischen 10 und 12 Jahren Mitglieder in dieser Gruppe, d.h. sie sehen sich regelmäßig und nehmen regelmäßig Supervision in Anspruch.

Mir wird als Leitung bewusst, wie lange die Gruppe keine neuen Mitglieder aufgenommen hat. Einerseits entstand dadurch ein sehr enges vertrauensvolles Verhältnis, das für Stabilität sorgte, andererseits fehlten neue und frische Impulse, welche durch die beiden neuen Mitglieder in Aussicht stehen. Im Austausch über mögliche Gründe dafür, dass die Gruppe so lange Zeit keine neuen Mitglieder aufgenommen hat, beschreibt eine Teilnehmerin die Gruppe als „Diamant", dessen Wert für sie vor allem darin besteht, dass sie auch heikle Themen vertrauensvoll einbringen kann. Damit spricht sie nicht nur die Bedeutung der Gruppe für sie an, sondern äußert gleichzeitig eine Erwartung an die neuen Teilnehmer*innen. Sie vermittelt den neuen Mitglieder*innen einerseits Bedeutung und Wertschätzung („Ihr dürft den Diamanten sehen!"), andererseits aber auch Orientierung („Wir teilen etwas Wertvolles!") und einen Vertrauensvorschuss („Wir vertrauen darauf, dass ihr diesen Diamanten hütet!"). Das Bild des „Diamanten", das von allen anderen Mitgliedern geteilt wird, beschreibt bildhaft die Bedeutung der Gruppe auf mehreren Ebenen.

Die insgesamt motivierte Stimmung wird sichtbar und bereitet den Boden für die weitere Zusammenarbeit. Die Gruppenkohäsion wurde gefördert. Die Stimmung am Ende der Sitzung ist locker und von Erleichterung der neueren Gruppenmitglieder geprägt.

Im folgenden Teil der Sitzung bilden sich zwei Kleingruppen (in jeder ist jeweils ein neues Mitglied), in denen der Impuls des Bildes vom Diamanten aus der Eingangsphase aufgegriffen wird und in der ich die Gruppen einlade, eine (bewegte) Skulptur zum Thema: „Unsere Supervisionsgruppe" zu stellen. Die Gruppenmitglieder sind im psychodramatischen Verfahren geübt und greifen den Impuls freudig auf.

Eine **Skulptur** stellt einen immateriellen Gegenstand dar (z.B. Gefühl, Idee, Problem, Einstellung, Wunsch, etc.) körperlich dar, in dem die Gruppe sich selbst zu einer Statue modelliert. Die Teilnehmer*innen spielen dabei mit Körperhaltung, Gestik, Mimik, aber auch mit Geräuschen oder kurzen Sätzen.[43]

Vier Teilnehmende bilden eine Kreis, dabei hat jede/r den linken Arm auf der rechten Schulter des Nachbarn, der rechte Arm ist nach vorne gestreckt, die Hand zur Faust geballt und der rechte Daumen zeigt nach links. Die Daumen werden jeweils in die geschlossene Hand des Nachbarn gesteckt, so dass die Hände aller Teilnehmenden einen Innenkreis bilden. Nun hebt jeweils ein Gruppenmitglied die linke Hand und simuliert, dass sie/er etwas in den Innenkreis „wirft". Die Gruppenmitglieder schütteln und rütteln den Innenkreis daraufhin durch, anschließend simulieren alle der Reihe nach, dass sie etwas aus dem Innenkreis herausnehmen und in sich aufnehmen.

Assoziationen der Zuschauer*innen: Wir sind miteinander verbunden, wir teilen miteinander, jeder gibt etwas von sich preis, alle können etwas mitnehmen, jede/r kann etwas einbringen/mitnehmen (muss aber nicht), wir geben uns gegenseitig Halt und Struktur, geben

---

[43] vgl. Schaller 2016, S. 99

und nehmen, etc. In der Skultpur verständigt sich die Gruppe im Austausch miteinander über die geeignete Ausdrucksform und probiert verschiedene Möglichkeiten aus. Der körperliche Ausdruck ist Resultat des kognitiven Prozesses, schafft aber ein Bild, das stärker im Gedächtnis verankert ist als verbales Benennen, weil Emotionen und körperliches Empfinden anders abgespeichert werden. Die zweite Gruppe besteht aus drei Personen, die auf Stühlen in Dreiecksform sitzen. In der Mitte liegen verschiedene bunte Tücher. Jede Teilnehmer*in hält ein Tuch in der Hand, das sie betrachtet. Nach einer Weile gibt sie ihr Tuch an eine Nachbarin weiter, die es ebenfalls eingehend betrachtet, um es an die nächste weiterzugeben. Nachdem alle Teilnehmenden dies getan haben, legen sie ihre Tücher zu den anderen, die bereits in der Mitte liegen. Dadurch entsteht ein „bunter Teppich", den alle gemeinsam betrachten. Anschließend erheben die Teilnehmenden sich, bewegen sich im Raum und betrachten den Teppich von allen Seiten. Die Szene endet damit, dass jede ihr Tuch und ein bis zwei weitere Tücher mitnimmt und geht. Im Anschluss verbalisieren die Zuschauer*innen ihre Assoziationen: Vielfalt; wir zeigen uns einander; wir sind bunt; wir schauen achtsam auf das, was wir sehen; wir sehen uns; jede*r kann sich zeigen; das, was entsteht, ist unser Gemeinsames; wir nehmen mit, was wir sehen; was gezeigt werden will, erfährt Interesse. Mit der Skulpturarbeit werden die SVd angeregt aus dem Modus des kognitv-verbalen in den körperhaften Ausdruck zu wechseln. Hierdurch werden die Konzepte der Spontaneität und Kreativität angeregt, die Veränderungen im Verhalten evozieren. Im nächsten Schritt wird das spontan-kreative Handeln verbalisiert und so auf mentaler Ebene exponiert. Danach erst bündelt das Gespräch in der Großgruppe die Beutungen auch auf der kognitiv-verbalen Ebene. Dieses Vorgehen ankert in mehrfacher Hinsicht das Erlebte, wodurch es auch längerfristig erinnert werden kann. Auf der Ebene des Gruppenprozesses werden die neuen Teilnehmer*innen spielerisch mit den Regeln und Normen der Gruppe vertraut gemacht. Gleichzeitig erhalten sie einen Einblick in die methodische Kultur der Gruppe im Schutz der Gruppe. In der Auswertung benennen die Gruppenmitglieder folgende Aspekte, die sie mit ihrer Gruppenidentität verbinden: Vertrauen, Verlässlichkeit und Sicherheit, Verschwiegenheit, Ehrlichkeit (auch im Umgang mit gruppeninternen Konflikten), Lebendigkeit, Zusammenhalt, Freiheit, Fehlerfreundlichkeit. Mit dieser Form der räumlichen Darstellung der Gruppe als soziales Netzwerk wird sichtbar, wie die Gruppenmitglieder in diesem Moment zueinander stehen.

### 3.3.1.2 Sitzung 2     Erwärmung über Intermediärobjekte
**Rollentausch mit dem eigenen Kalender**

Zur Anwärme lade ich die SVd ein, in einen Rollentausch mit dem eigenen Kalender zu gehen und sich den anderen Teilnehmenden aus der Rolle des Kalenders vorzustellen und ggf. mitgebrachte Themen aus der Rolle zu benennen. Diese Intervention macht das

Verlassen eingefahrener Denkmuster möglich und lässt dadurch neue Sichtweisen auf Problem- und Konfliktfelder entstehen. Der Rollentausch mit dem Kalender gibt einen Aufschluss über z.b. den Umgang mit der Ressource Zeit, mit möglichen Belastungen, aber zeigt auch vorhandene Ressourcen. Vor allem den neuen Teilnehmer*innen gibt der Perspektivwechsel Gelegenheit, sich der Arbeit an und mit der beruflichen Rolle über den Rollentausch mit dem Kalender zu stellen, ohne dass die erfahrenen Gruppenmitglieder „vorpreschen" könnten. Die Teilnehmenden offenbaren in dieser Übung ihr Verhältnis zu Struktur, ihr Beziehungsverhalten, Organisationsvorlieben, aber auch gestalterische Elemente und die Bedeutung des Kalenders im Allgemeinen. Gleichzeitig verhilft der Rollentausch den Klienten einen distanzierten Blick auf sich selbst einzunehmen: Während sie aus der Rolle des Kalenders berichten, finden parallel hierzu permanent Reflexionen zur eigenen Rolle, Haltung und Sichtweise statt. Ein sich Reflektieren, ein Sich-In-Frage-Stellen, sich Konfrontieren mit den eigenen Verhaltens- und Sichtweisen. Durch den Prozess des sich Zeigens hat diese Intervention eine unbemerkte Bedeutung für den Gruppenprozess: Die Teilnehmenden lernen sich persönlich besser kennen, nicht nur in deren beruflicher Haltung und anderen Eigenheiten, sie entdecken Gemeinsamkeiten und/oder Unterschiede, bestenfalls finden sie Modellhaftes, das sie nachahmenswert finden. Die Gruppenmitglieder kommen über diesen Perspektivwechsel schnell mit eigenen Themen in Kontakt: Überlastung, Stellenwert von Ressourcen, Zeitmanagement, etc., die im Anschluss auf der Supervisionsbühne bearbeitet werden können.

### 3.3.1.3 Sitzung 3    Psychodramatische Aufstellungsarbeit

*Ausgangslage:* Frau S. blickt mit Anspannung und Sorge auf ihre bevorstehende Fachleiterhospitation. Im Rahmen derselben zeigen Ausbilder*innen den Auszubildenden LiV ihren eigenen Unterricht, der im Anschluss reflektiert und bewertet wird. Frau S. spürt großen Leistungsdruck und hat Angst zu versagen. Eine weitere Erwärmung im Sinne des kreativen Zirkels (vgl. Kap. 2.2.2) ist nicht nötig, die SVd ist sofort zu einer szenisch-kreativen Darstellung bereit, die Gruppe steht geschlossen hinter ihr, d.h. die Teilnehmer*innen sind bereit, Hilfs-Ich Funktionen zu übernehmen.

**Thema: Frau S. möchte verstehen, was „in" ihr passiert und möchte sich auf die bevorstehende Hospitation so vorbereiten, dass sie in ihrer professionellen Rolle gelassen bleiben kann.** Die Aufstellung der „Inneren Bühne", verhilft Frau S. die eigene Innenwelt zu differenzieren und zu explorieren. Dabei werden persönliche Selbst-, Objekt- und ggf. Beziehungsrepräsentanzen dreidimensional im Raum  dargestellt und unterstützen die Klientin bei der Mentalisierung innerer Vorgänge[44]. Im Setting der Supervision kann dieser Blick hilfreich sein, wenn die Ausübung der beruflichen Rolle blockiert ist und wenn Emotionen belastend werden, so wie im Fall von Frau S. geschildert. Innere Anteile gehören

---

[44] R.T. Krüger: Störungsspezifische Psychodramatherapie. Theorie und Praxis. Vanderhoek & Ruprecht, Göttingen 2015

zum Rollenrepertoire einer Person und sind Konstrukte, welche den Blick auf einen Ausschnitt eines durch eine äußere Situation aktualisierten neuronalen Netzwerkprozesses liefern[45]. Mit der beschriebenen Intervention wird für Frau S. die hinter ihrem Gefühl liegende Tiefenstruktur sichtbar, spürbar und begreifbar und stellt eine prozessorientierte Veränderung in Aussicht (vgl. Grissenberger 2019, S. 160).

(Siehe Skizze der Aufstellung weiter unten) Auf der Bühne platziert sich die SVd selbst zentral und wählt eine Stellvertreterin (Frau H.), die immer dann in Frau S.' Rolle schlüpft, wenn diese im Rollentausch einen anderen inneren Anteil exploriert. Als erstes platziert sie rechts hinter sich den inneren Anteil der Versagensangst (Frau C.), die ihr ins Ohr flüstert: *„Bist du schlecht!"* Auf der anderen Seite positioniert sie ihren inneren Anteil des Selbstbewusstseins (Herr V.), mit der Botschaft: *„Hallo! Schau her, du kannst das!"* Links neben sich stellt sie den Anteil der Scham (Frau T.), der zu ihr sagt: *„Ertappt! Oh, ist das peinlich!"*. Hinter die eigene Rolle stellt Frau S. den Anteil der Gelassenheit (Herr H-F), mit der Botschaft: *„Lass los! Mach dich locker!"* Erst ganz zum Schluss kommt „die Milde" (Frau J.), ein Anteil auf der Bühne, der zu Frau S. sagt: *„Lass mal alle Fünfe grade sein!*

Frau S. hört sich die Stimmen ihrer Anteile im Wechsel aus der eigenen Rolle und aus der Spiegel-Position an und mentalisiert Gefühle und Gedanken. Auch wenn in der Szene die „stärkenden" Stimmen (Selbstbewusstsein und Gelassenheit) immer lauter werden, dominieren die Anteile „Versagensangst" und „Scham" das Gesamtbild. Erst als Frau S. aus der Spiegelposition am Bühnenrand den inneren Anteil der „Milden" differenziert und diesen auf ihre Bühne holt, erlebt sie eine „emotionale Katharsis, welche sichtbar wird durch den Affekt des befreiten Auf-Lachens[46]. Sie flirtet im Rollentausch regelrecht mit dem Anteil und weist ihm die Bedeutung der „Erlöser-Funktion" zu. Während sie ihre Aufstellung aus dem Spiegel betrachtet, mentalisiert sie, das heißt in diesem Kontext denkt sie laut über das Motiv ihrer inneren Haltung nach und macht

Aus rechtlichen Gründen wurden die Abb. entfernt. (Anm. d. Red.)

sich dadurch selbst die eigenen Gefühle, Gedanken und Handlungsimpulse verständlich. In der sich anschließenden Integrationsphase entnimmt die SVd dem Rollenfeedback der Hilfs-Iche und dem Sharing weitere wichtige Informationen: So meldet

---

[45] C. Stadler: Ich bin viele. Psychotherapie mit Ich-Anteilen. Ernst Reinhardt Verlag, München 2017, S. 32
[46] Reineck und Buckel (2018, S. 91) sprechen von „Emotionaler Katharsis", wenn Gefühlsspannung sich auflöst und Gefühle „frei" werden. Vgl. U. Reineck/C. Buckel: Emotionen im Psychodrama. In: PiD – Psychotherapie im Dialog 2018; 19: 89-92

die Rollenträgerin des „Selbstbewusstseins" zurück, dass sie sich selbst zu nah bei der Stellvertreterin fühlte und ihre Aufgabe als eine Art „Schutzschild" wahrgenommen hatte.

Sie spürte sich erst im Kontakt mit der Klient*in, als diese die Rolle der „Milden" auf die Bühne geholt hatte. Im Sharing[47] teilt die Gruppe vieles von dem, was Frau S. gezeigt hatte und die Gruppenmitglieder unterhalten sich darüber, wie sie die eigenen „Milden" aktivieren könnten. Die Rolle der „Milden" entlastet die SVd, weil sie einen mitfühlenden, barmherzigen Blick auf sich selbst erlaubt. Einen Anteil, den die Klientin in diesem Spiel als heilsam erkannt und im Bild der eigenen Bühne integriert hat.

---

[47] Das Sharing ist Teil der Integrationsphase. Im Sharing erfahren Klient*innen, dass sie mit ihrem Erleben nicht allein sind. Sharings beziehen sich ausschließlich auf das Erleben der Klient*innen im pd'ischen Spiel und beinhaltet nur das, was die Sharinggebenden daran aus eigenem Erleben kennen. Im Gruppensetting sorgt es für die Rückkehr der Protagonist*innen in die Gruppe und verbinden deren Mitglieder untereinander. Sie sind aber auch im Einzelsetting möglich (vgl. Hutter/Schwehm: Morenos Werk in Schlüsselbegriffen, 2009; B. Haus: Psychodrama in der Schule 2016).

# 4 Fazit

Über die positive Wirkung von Supervision und Coaching für Pädagogen und deren Führungskräfte besteht kaum Zweifel, betrachtet man die von Kotkamp (2012) zahlreich zitierten Quellen.[48]Mit dem Blick darauf und auf mein Erleben von Supervisions-Sitzungen halte ich einen enormen Bedarf an reflexiven Beratungsformen wie Supervision und Coaching im Organisationsfeld Schule für absolut gegeben. Psychodramatische Supervision kann beruhend auf einem fundierten theoretischen und methodischen Wissen, sowie einer klaren Definition des Formates Supervision Wissenschaftlichkeit, Wirtschaftlichkeit, Wirksamkeit, Unbedenklichkeit und Nachhaltigkeit vorweisen (vgl. Grissenberger 2019, S. 166). Einen besonderen Stellenwert haben dabei Fachkompetenz, Rollenklarheit, Soziometrie und der kreative Zirkel. Die gewissenhafte ethische Haltung unterstützt einen verantwortungsvollen, wertschätzenden Verlauf, der in der Folge konstruktives Handeln und Nachhaltigkeit ermöglicht. Psychodramatechniken wie Spiegeln, Doppeln, Rollentausch und Interview machen die Tiefenstruktur sichtbar, spürbar und begreifbar. Sie fördern damit neben dem wichtigsten Wirkfaktor – der gelingenden Beziehung - neue Perspektiven und mehr Verständnis füreinander. Dieser Aspekt stärkt die Rolle der Lehrenden auch im Hinblick auf ihre Fähigkeit, der im Schul- und Unterrichtsalltag permanent geforderte Beziehungsarbeit auf unterschiedlichen Ebenen (zu den Schüler*- und Kolleg*innen, zur Schulleitung, zu anderen pädagogischen Fachkräften der Schule, mit Eltern oder mit Vertreter*innen der Schulaufsicht) zu reagieren. Die daraus zwangsläufig entstehenden Reibungen ergeben einen hohen Reflexionsbedarf, vor allem auf dem Hintergrund des Einzelkämpferstatus von Lehrer*innen. Aktive Psychohygiene in Form von Distanzierung von den schulischen Anforderungen und Entlastung durch ein soziales Stützsystem, sind laut Schaarschmidt[49] Argumente für die Etablierung von Supervision. Damit dient psychodramatische Supervision dem sozialen Miteinander, wo Psychik, Dialogik, Systemik, Ethik und Wissenschaftlichkeit einen wichtigen Platz eingenommen haben.

Studien zeigen, dass Lehrerinnen und Lehrer, die in Supervisionsgruppen ihre Reflexions- und Wahrnehmungsfähigkeit weiter entwickeln, in ihren Schulen, Studienseminaren, Schulämtern etc. wichtige Impulsgeber/innen und Träger/innen von Veränderungsprozessen sind (vgl. Kotkamp, R. Bosch-Stiftung, Lipowsky[50]) .

---

[48] Kotkamp (2012) führt die Arbeiten von Reitbauer, 2008; Berlardi, 2001; Maurer, 2004 und Hausinger, 2008 an.

[49] Vgl. U. Schaarschmidt: Halbtagsjobber? Psychische Gesundheit im Lehrerberuf – Analyse eines veränderungsbedürftigen Zustandes. Weinheim: Beltz 2004.

[50] F. Lipowsy: Auf den Lehrer kommt es an. Empirische Evidenzen rü Zusammenhänge zwischen Lehrerkompetenzen, Lehrerhandeln und dem Lernen der Schüler. Weinheim: Beltz 2006.

# 5 Literaturverzeichnis

Von Ameln, F. /
Gerstmann, R. / Kramer, J.

Psychodrama. Springer Verlag, Heidelberg 2005

Ahrens, F./Gerke, M.

Kollegiale Beratung und Supervision als Beitrag zur Lehrergesundheit. In: ZS Die Berufsbildende Schule (BbSch) 66 (2014), S. 8-13

Bosselmann, R. /
Lüffe-Leonhardt, E. /
Gellert, M. (Hg.)

Variationen des Psychodramas. Ein Praxisbuch – nicht nur für Psychodramatiker. Verlag Christa Limmer, Meezen 1993

Bosch-Stiftung (Hrsg.)

Viele Lehrkräfte sind Einzelkämpfer. Forsa Umfrage 2018, https://www.bosch-stiftung.de/de/news/viele-lehrkraefte-sind-einzelkaempfer

Bosch-Stiftung ,
Bertelsmann Stiftung,
Stiftung Mercator,
Deutsche Telekom-Stiftung

Lehrerkooperation in Deutschland. Gütersloh, Essen, Stuttgart, Bonn 2016. *Eine Studie zu kooperativen Arbeitsbeziehungen bei Lehrkräften der Sek.I*, https://www.bosch-stiftung.de/sites/default/files/publications/pdf/2018-04/Studie%20Lehrerkooperation%20in%20Deutschland.pdf

Buer, F. (Hg.)

Praxis der psychodramatischen Supervision. Ein Handbuch. VS Verlag für Sozialwissenschaften. 2. Aufl. Wiesbaden 2004

Denk, G.

Intermediärobjekte in der Supervision – eine Verführung. In: *ZPS (2019) 18: 223-231*

Grissenberger, E.:

Organigramm-Soziogramm-Mensch. Psychodramatische Aufstellungsarbeit in der Supervision, in: *ZS Psychodrama und Soziometrie (2019) (Suppl1)18:153-168.*

Haus, B.

Psychodrama in der Schule – Innovative Lernprozesse für alle. Abschlussarbeit im Rahmen der Weiterbildung „Psychodramaleitung", Bermoll 2016

Haus, B.

Psychodrama, Soziometrie und systemische Aufstellungsarbeit – Möglichkeiten und Grenzen handlungsorientierter Methoden für die Entwicklung lernender Organisationen. *Masterarbeit Studiengang Schulmanagement an der TU Kaiserslautern 2009*

Helsper, W. (Hrsg.),
Tippelt, R. (Hrsg.)

Pädagogische Professionalität. In: ZS für Pädagogik, Beiheft; 57. Weinheim u.a.: Beltz 2011, S. 138-152.

| | |
|---|---|
| Hutter, C. | Psychodrama als experimentelle Theologie. Münster 2000 |
| Hutter, C. | (nicht nur) Psychodramatische Anmerkungen zu aggressivem Verhalten. *Zeitschrift für Psychodrama und Soziometrie, Heft 1, 2007, S. 9-23* |
| Hutter, C. / Schwehm, H. (Hg.) | J. L. Morenos Werk in Schlüsselbegriffen. VS Verlag für Sozialwissenschaften, Wiesbaden 2009 |
| Hutter, C. | Von Moreno zu einem modernen psychodramatischen Leitungsverständnis, in: *Zeitschrift Psychodrama und Soziometrie (2020)19: 199-209* |
| Ketter, F.D. / Benczak, S. | Supervision und Schule – ein glückliches Paar? *Theoretische Hintergründe und zentrale Ergebnisse einer Erkundungsstudie zu Wirkung und Auswirkung von Supervision im pädagogischen Kontext.*In: ZS Pädagogische Horizonte, 1(1), Linz 2017 |
| Kähler, H.D. | Das Konzept des sozialen Netzwerks: eine Einführung in die Literatur. In: ZS für Soziologie, Jg.4, Heft 3, Juli 1975, S. 283 - 290 |
| Kotkamp, U., Dr. | Gelingensbedingungen von Supervision an Schulen *Abschlussarbeit im Zertifikatsstudiengang Supervision und Coaching.* Mittweida 2012 |
| Krotz, F. | Aspekte einer psychodramatischen Theorie emotionalen Erlebens. In F. Buer: *Jahrbuch für Psychodrama, psychosoziale Praxis und Gesellschaftspolitik 1996 (S.75-94).* Opladen: Leske+Budrich. |
| Krüger, R.T. | Störungsspezifische Psychodramatherapie. Theorie und Praxis. Vanderhoek & Ruprecht, Göttingen 2015 |
| Krüger, R.T. /Stadler, C. | Mentalisieren durch psychodramatisches Spielen – zur therapeutischen Wirkung des Psychodramas. *Zeitschrift für Psychodrama und Soziometrie 2015; 14: 301-310* |
| Lipowsy, F. | Auf den Lehrer kommt es an. Empirische Evidenzen für Zusammenhänge zwischen Lehrerkompetenzen, Lehrerhandeln und dem Lernen der Schüler. In: ZS Pädagogik, Beiheft; 51) Weinheim: Beltz 2006, S. 47-70 |
| Meyer-Gerlach, C. | Brauchen wir eine Emotionstheorie für das Psychodrama? *Abschlussarbeit zur Psychodrama-Leiterin am Institut für Soziale Interaktion (ISI), Hamburg.* Hamburg 2018 |
| Petrovic, S. | Supervision an Schulen. *Abschlussarbeit zum Diplomstudiengang Pädagogik.* Wien 2010 |
| Reineck, U. / Buckel, C. | Emotionen im Psychodrama. In: PiD – Psychotherapie im Dialog. Stuttgart: Thieme 2018; 19: S. 89-92 |

| | |
|---|---|
| Moreno, J.L. | Definition der Rollen. In: H.Petzold & U. Mathias (Hrsg.): Rollenentwicklung und Identität. Von den Anfängen der Rollentheorie zum sozialpsychiatrischen Rollenkonzept Morenos (277-285), Junfermann Verlag. Paderborn 1982 |
| Ramsauer, S. | Psychodramatische Supervision in der Sozialen Arbeit. In: ZS für Psychodrama und Soziometrie, Heft 2, 2007, S. 293 - 302 |
| Reineck, U./ Verbeek, S. | Was ist das Psychodrama? – Eine erste Grundlegung. Aus der Reihe: Texte zur Basisqualifikation in szenischer Beratung und Psychodrama. Freiburg 2012 |
| Reineck, U./Buckel, C. | Emotionen im Psychodrama. In: PiD – Psychotherapie im Dialog 2018; 19: 89-92 |
| Röhling, Karen Dr. | Schematherapeutische Supervision mit szenisch-kreativen Methoden aus dem Psychodrama lebenig gestalten. *Abschlussarbeit im Rahmen der Weiterbildung zum/r Supervisor\*in /Coach am Institut für soziale Interaktion (ISI) Hamburg. Flintbek 2020.* |
| U. Schaarschmidt | Halbtagsjobber? Psychische Gesundheit im Lehrerberuf – Analyse eines veränderungsbedürftigen Zustandes. Weinheim: Beltz 2004. |
| Schacht, M. | Das Ziel ist im Weg. Störungsverständnis und Therapieprozess im Psychodrama. VS Verlag für Sozialwissenschaften, 2. durchgesehen Auflage, Wiesbaden 2010 |
| Schaller, R. | Stellen sie sich vor, Sie sind ... 2. überarbeitete Auflage, Hogrefe Verlag, Bern 2016 |
| Schreyögg, A. (Hrsg.) | Kreative Medien für Coaching und Supervision, Deutscher Psychologen Verlag, Berlin 2016 |
| Schwinger, Prof. Dr. T. | Perspektivenübernahme als Basis des Psychodramas. Skript zu einem Vortrag a.d. Clemens-Ochridski-Universität, Sofia 1999a |
| Sielecki, F. | Das Psychodrama als dialektisches Verfahren. Abschlussarbeit der Psychodrama Weiterbildung. Bochum 2006 |
| Stadler, C. (Hg.) | Soziometrie: Messung, Darstellung, Analyse und Intervention in sozialen Beziehungen. Springer VS, Wiesbaden 2013 |
| Stadler, C. / Spitzer-Prochazka, S. (Hg.) | Zeitschrift für Psychodrama und Soziometrie: Themenheft: Die Bühne. Springer VS, Jg. 11/Heft 2, Wiesbaden 2012 |

| | |
|---|---|
| Stadler, C. / Spitzer-Prochazka, S. (Hg.) | Zeitschrift für Psychodrama und Soziometrie: Themenheft: Doppeln. Springer VS, Jg. 12/Heft 2, Wiesbaden 2013 |
| Stadler, C. | Ich bin viele. Psychotherapie mit Ich-Anteilen. Ernst Reinhardt Verlag, München 2017 |
| Stadler, C. | Strukturniveau und kreativer Zirkel als Indikatoren für den Einsatz von Objekten und Symbolen im psychotherapeutischen Prozess. In: *Zeitschrift für Psychodrama und Soziometrie(2019) 18: 195-209* |